高情商的人都这样说话

好かれる人の神対応嫌われる人の塩対応

[日]大野萌子 著

毕梦静 译

中国科学技术出版社

·北京·

Original Japanese title: SUKARERUHITO NO KAMITAIO KIRAWARERUHITO NO SHIOTAIO
© Moeko Ono, Gentosha 2022
Original Japanese edition published by Gentosha Inc.
Simplified Chinese translation rights arranged with Gentosha Inc.
through The English Agency (Japan) Ltd. and Shanghai To-Asia Culture Co., Ltd.

北京市版权局著作权合同登记　图字：01-2024-1387。

图书在版编目（CIP）数据

高情商的人都这样说话 /（日）大野萌子著；毕梦静译 . — 北京：中国科学技术出版社，2024.7
ISBN 978-7-5236-0419-9

Ⅰ.①高… Ⅱ.①大…②毕… Ⅲ.①心理交往—语言艺术—通俗读物 Ⅳ.① C912.13-49

中国国家版本馆 CIP 数据核字（2024）第 039803 号

策划编辑	申永刚	执行编辑	赵　嵘
封面设计	东合社	责任编辑	刘　畅
责任校对	吕传新	版式设计	蚂蚁设计
责任印制	李晓霖		

出　　版	中国科学技术出版社
发　　行	中国科学技术出版社有限公司发行部
地　　址	北京市海淀区中关村南大街 16 号
邮　　编	100081
发行电话	010-62173865
传　　真	010-62173081
网　　址	http://www.cspbooks.com.cn

开　　本	880mm×1230mm　1/32
字　　数	88 千字
印　　张	4.5
版　　次	2024 年 7 月第 1 版
印　　次	2024 年 7 月第 1 次印刷
印　　刷	大厂回族自治县彩虹印刷有限公司
书　　号	ISBN 978-7-5236-0419-9 / C・50
定　　价	59.00 元

（凡购买本社图书，如有缺页、倒页、脱页者，本社发行部负责调换）

前言

○ 也许改变说话方式，就能解决烦恼？！

"每次向上司传达自己的期望时，我都会被当作'恐怖的女人'，为此我感到很难过。"

"下属没有按照我所期待的那样工作，我经常为此感到焦躁。"

"我明明没有恶意，却不知为何惹怒了重要的客户。"

"和交往了很久的另一半因为一两句话而演变成了吵架，现在处于快要分手的状态。"

"住在附近的小孩妈妈总是在我面前展示优越感，真是无语了。"

你也曾有过类似的烦恼吗？

你也曾有过愤怒、悲伤、憎恨、厌恶、痛苦等负面情绪，心里想着"为什么会这样"，然后一个人干着急吗？

迄今为止，作为心理咨询师，我已经倾听过2万多人的烦恼。我相信，如果你能阅读本书，并对本书中提到的方法加以实践，那么，你的烦恼也一定能够得到解决。

以职场和家庭为代表，当你想在各种各样的社会团体中拥有良好的人际关系时，首先，我希望你注意的是：你的措辞。

虽然有许多人会觉得所有人都能熟练地应用自己的母语，

但是，事实上，许多人一直以来说母语只是在不断地重复固定的句式，只使用了非常有限的词语。所以，让我们一起来重新优化这些大家经常使用的措辞吧！因为在很多情况下，即使你的本意并非如此，也会由于措辞不当而在不经意间伤害到对方，或者让对方感到烦躁。

此外，还需要注意的是说话时的表情。当你说话时的表情和你想要表达的内容不一致时，就会无法表达出自己的本意，这样一来，对方也无法正确地理解你的想法。因为人们无法看到自己说话时的表情，所以往往容易忽视这一点。除此之外，声音也有属于它自己的"表情"，所以，说话时的语气格外重要。

在与对方进行交流时，只有同时注意"语言"、"表情"和"语气"，对方才有可能真正理解你的想法。

"能让自己和对方都觉得十分重要的说话方式是什么样的？"

如果大家能以本书中提到的事例和解决方法为参考，那么，在日常生活中，无论遇到什么样的情况，都应该能与身边的人建立良好的人际关系。

○ 只要改变应对的方法，谁都能突然变得闪闪发光

即使是现在没有对人际关系感到不满的人，也请一定要参考本书中的"神对应"。实践本书中提到的"神对应"，会让你的后辈和下属更仰慕你、让你的上司更信赖你、让你交到更多的朋友、让你拥有恋人……你身边的人会露出更多的笑脸。

如果能给身边的人留下"感觉这个人很好"这一印象，你就会比之前更被他人需要。

即使是向对方传达同样的内容，但是当你改变了说话方式之后，你给对方留下的印象也会随之改变。

在本书中，我会通过具体的事例来说明不同说话方式之间的细微差别。

本书将从会伤害到对方的"盐对应"和能与对方心灵相通的"神对应"这两个相反的方向出发，进行简单易懂、条理清晰的说明。即使是严肃的话题也会通过能让人会心一笑的插图来解释说明，所以请放心，你可以掌握正确的技巧。

你不想尝试一下吗？从微小的改变出发，让你的人生焕然一新！

CONTENTS
目录

绪论 什么是"盐对应"和"神对应"？——1

第1章 职场篇

01 初次和新员工打招呼时 —— 6
02 下属没有进行汇报时 —— 8
03 下属说"我身体不舒服"时 —— 10
04 后辈犯错时 —— 12
05 提醒下属注意"服装"和"发型"时 —— 14
06 下属对客户态度不好时 —— 16
07 后辈被上司训斥时 —— 18
08 下属没有按照指示处理事情时 —— 20
09 下属的工作效率低下时 —— 22
10 下属在工作中取得好成绩时 —— 24
11 同事早退时 —— 26
12 同事休完假后重新回来上班时 —— 28
13 有人向你抱怨对于职场的不满时 —— 30
14 有人向你汇报"有受到职权骚扰的人"时 —— 32
15 犯错后被上司训斥时 —— 34
16 隐约地感受到对方的怒气时 —— 36

17 对上司说的话耿耿于怀时 —— 38

18 被上司夸奖穿着时 —— 40

19 不想按照上司的指示，而想按照其他方法处理事情时 —— 42

20 上司在快到截止日期，说"希望你能提早完成"时 —— 44

21 接待完客户后，上司邀请你继续去喝酒，而你想拒绝时 —— 46

22 由于超出自己的能力范围而想拒绝额外的工作时 —— 48

23 被试探是否想升职，想回绝对方时 —— 50

24 由于符合"缩短工时制"的条件而提早下班时 —— 52

25 不想参加工作结束后的聚餐时 —— 54

26 初次拜访客户时 —— 56

27 忘记对方的姓名时 —— 58

28 与对方产生分歧时 —— 60

29 与对方的谈判没有结果时 —— 62

30 客户称赞下属时 —— 64

31 客户说"你加我为好友吧"，而你却想拒绝时 —— 66

第2章 家庭篇

32 另一半不做家务时 —— 72

33 另一半做家务总是敷衍了事时 —— 74

34 被另一半提醒说"房间脏了"时 —— 76

35 被另一半吐槽"饭做得不好吃"时 —— 78

36 另一半小题大做地确认你是否安全时 —— 80

37 另一半在你很忙的时候和你说话时 —— 82

38	另一半突然和你说想买昂贵的东西时	—— 84
39	另一半告诉你"我生病了"时	—— 86
40	想和家人一起去旅行时	—— 88
41	希望另一半能改变一下外貌或性格时	—— 90
42	怀疑另一半出轨时	—— 92
43	被父母频繁地催婚时	—— 94
44	父母对你的另一半或孩子感到不满时	—— 96
45	另一半的父母送了给你造成困扰的礼物时	—— 98
46	另一半的父母突然想要来访时	—— 100
47	孩子不想上学时	—— 102
48	孩子总是玩手机时	—— 104
49	发现孩子有叛逆期的征兆时	—— 106

第3章　朋友篇

50	朋友在你面前展示优越感时	—— 112
51	被自称心直口快的朋友说了很难听的话时	—— 114
52	被朋友强迫打起精神时	—— 116
53	被朋友强行灌输价值观时	—— 118
54	朋友总是向你倾诉烦恼时	—— 120
55	朋友情绪低落时	—— 122
56	有人说你朋友的闲话时	—— 124
57	想拒绝朋友拜托的麻烦事时	—— 126
58	和朋友吵架时	—— 128

结语 —— 131

绪论 什么是"盐对应"和"神对应"？

在本书中，我将大家经常看到的这两个词定义如下。

盐对应

"盐对应"一词是由"采取让对方感到不舒服的应对方式，类似于'干巴巴的回应'"演变而来的。在日本，粉丝们将"握手会时，偶像冷淡地应付粉丝的样子"称为"盐对应"，由此而广为流传。

人们选择进行"盐对应"的原因通常是"为了避免产生纠纷，不想与对方产生过多的关联"或"想与对方保持距离"等。

另外，"虽然完全没有恶意，但还是在不经意间伤害了对方"，这种情况也很多。在本书中，无论是哪种"盐对应"，我都将其视为"在交流中，'令人感到不舒服的应对方法'。"

与偶像进行有策略的"盐对应"不同，在日常生活中，你如果一直进行"盐对应"，不仅会导致自己的人际关系变得越来越差，还可能为自己招惹不必要的麻烦。

神对应

"盐对应"的反义词是"神对应"。"神对应"是指"仿佛是神的所作所为一样，能让对方感受到不同寻常的周到、体贴与关心"。"神对应"一词原本经常被用于描述艺人或企业的应对态度和方式，后来也逐渐被用于日常的交流中。

在本书中，我将"神对应"一词定义为"在日常生活中，能使人际关系变好的应对方法"。

除此之外，能对他人说的难听话或不讲理的言行举止等消极因素进行周到的应对，也可以称为"神对应"。

话虽如此，但"神对应"并不是要迎合对方或巴结对方，而是指如下的态度或言行：

（1）在给对方留下好印象的同时，能轻松、如实地说出自己想说的事。

（2）能让对方理解自己的想法，改善并加深与对方之间的关系。

第 1 章

职场篇

○ 平等地对待每一个人，是职场中的基本原则

礼貌用语是职场中的基本语言。不过，没有必要使用过于郑重的敬语①或过于谦逊的自谦语。平等地对待身边的每一个人，是比什么都重要的事情。

例如，当职场中有"实习的大学生"和"比自己年长的下属"时，你需要对这两个人使用平等的措辞。

如果你对这两个人区别对待，对大学生说话时使用的是命令的口吻，"你去把这个做一下！"，而对比你年长的下属使用的是敬语，"抱歉，能麻烦您做一下这个吗？"，那么你需要注意的是，你的这种做法会很容易让这两个人都感到不满。

在第 1 章中，我将从平等与尊重这一视角出发，讲述职场中的"神对应"与"盐对应"。

我不仅会谈及表面上的做法，也会说明"为什么要这样做"，因此，即使大家忘记了书中的原话也没关系。此外，在本章中出现的内容也可以应用到日常生活的其他场景中。

---

① 日语中的敬语是日本人待人方式的重要组成部分，是说话者向倾听者或出现在话题里的人物（如长辈、上级、有地位的人等）表示敬意的方式。——编者注

○ 不管怎样做都可能是职场暴力？！

2019年，日本颁布了《职权骚扰防止法（改进劳动政策综合推进法）》。大型企业于2020年6月，中小企业于2022年4月开始施行这一法案。在这种情况下，很多人会烦恼"该如何在不构成职权骚扰的前提下，与他人进行充分的交流。"

实际上，曾有数千名职场人士向我反映过，由于"这个也不能说""那个也不能说"这种过度的约束，导致如今"在职场，什么都不能说了"。

但是，因为过度害怕自身的言行可能会被视为职权骚扰，而陷入无法与他人充分交流的状态，这是本末倒置的行为，甚至很可能会降低工作效率。如果你也有"夸奖对方穿的衣服，算是性骚扰吗？"等类似的烦恼，那么在阅读完本章之后，此类问题应该能立刻得到解决。

在任何情况下，共通的规则是"说话时的表情要与说话的内容保持一致"。例如，当你笑着说"我很困扰"时，对方可能会理解为"你很开心"；当你板着脸夸奖对方时，对方可能会觉得"这是在挖苦我吗"。所以，让我们一起来学习不会被误解的交流技巧吧！

01 初次和新员工打招呼时

令人讨厌的"盐"对应

"小×,请多关照。你虽然年轻,但是看起来很能干呢。"

将"性别""年龄""学历""容貌""个人当前状况"(正在育儿中等)作为判断一个人的依据,实属不妥。而且,即使对方的年龄比你小,也要避免称呼对方为"小×",并且避免使用与同龄朋友说话的方式与对方交流。虽然没有必要使用敬语,但是在职场中,使用礼貌用语是基本原则。

在向新员工进行自我介绍时，你也许会因为想要快速缩短与对方之间的距离而说出一些不太有边界感的话，然而，这种做法很可能会演变为"职权骚扰"，所以，请一定要多加注意。

受人喜欢的 ✨神✨ 对应

"如果有什么不懂的地方，请尽管问我。"

如果有什么不懂的地方，请尽管问我。

我是××，请多多关照。

点头　行礼

首先，要通过**友好的、微笑的表情和爽朗的语调**来表达自己对于对方的欢迎之情。但是，在初次见面时，没有必要过多地谈及自身的情况或者追问对方的情况。最重要的是，要能**为对方提供有用的信息**。例如，"这个地方只需要按一下这个按钮就可以了"等。

第 1 章　职场篇　　　　　　　　　　　　　7

02 下属没有进行汇报时

令人讨厌的 盐 对应

"你为什么没早点儿且认真地向我汇报呢？"

（早点儿＝下周吗？）
（认真＝在Line①上和您汇报吗？）
嗯。
抱歉。

（你下次能早点儿向我汇报吗？）
（为什么没认真地向我汇报呢？）

早点儿＝当天
认真＝写文件汇报

　　用"为什么"开头的提问是一种危险问题。这是因为，追问原因只会让对方想要反驳你，并不会让对方改变自己的行为，所以，千万不要问"为什么"。而且，由于每个人对于"认真""早点儿"这类词语的理解和定义都不同，所以，最好不要使用这类词语。例如，在有些人看来，"早点儿"＝"立刻"，而在另一些人看来，"早点儿"＝"几天之内"。

---

① Line是韩国互联网集团NHN在日本的子公司NHN Japan推出的一款即时通信软件。——编者注

不要对对方没有及时汇报的原因太过纠结。重要的是改变对方今后的行为。着眼于将来、积极地应对，才是理想的应对方式。

受人喜欢的 **神** 对应

"发生纠纷时，要立刻告知我。"

责怪对方"没有及时进行汇报"的这一行为，不会对事情发展起到任何帮助，反而会损害你们之间的信赖关系。所以，不要责怪对方，而是明确地告诉对方正确的做法。无论是什么样的错误，具体、明确地告诉对方改进的方法才是防止对方再次犯错的最佳方式。比如，"请你在每天 × 点之前准时向我汇报"等。制定具体的规则，并与对方一起贯彻这一规则。

第 1 章 职场篇

03 下属说"我身体不舒服"时

令人讨厌的 盐 对应

"啊？从什么时候开始不舒服的？有多严重？"

越是理性或者责任感强的人，越容易追问对方"为什么""从什么时候开始的"，等等。但是，即使没有恶意，一旦将掌握情况放在第一位来考虑，就很可能会演变成追问对方的局面。而且，即使是无意识的，经常叹气这一行为也可能会被对方看作精神虐待，所以，一定要注意这一点。

虽然并不是绝对不能说的话，但是，如果一开口就先质疑对方，就很可能给对方造成压力。所以，要提前了解该如何回应下属的"生病报告"。

受人喜欢的 神 对应

"你身体不舒服吗？那些比较紧急的工作，我会找人帮你做的。"

> 我身体不太舒服，今天可以早点儿下班吗？

> 你好好休息吧。

> 如果有需要尽快完成的工作，你可以发给我，我找人帮你做。

> 你身体不舒服，是吗？

在这种情况下，基本原则是：向上司进行汇报的人要基于事实进行陈述，而上司作为倾听者则要从感情出发，理解对方的心情。通常情况下，向上司汇报自己生病的人往往想打感情牌，但是，这样做很可能会让上司觉得这个人是在找借口。另外，上司作为倾听者，要做到：①理解下属的心情；②接受这一事实；③说一些类似于"有什么需要我帮助的吗？"的话，让对方感到安心。这样的做法才是理想的做法。

第1章 职场篇

04 后辈犯错时

令人讨厌的"盐"对应

"像××一样去做啊。这份工作你都做了多少年了？"

　　是否使用了否定对方人格的语言来训斥对方是职场暴力的判断标准。众所周知，使用"笨蛋"等直接否定对方人格的语言肯定是不行的。但是，类似于"所以说，你真没用""给我有点儿当领导的样子""同样的工作你都做了多少年了"这样的发言也是不合适的。即使你的本意是想激励对方，也要避免使用贬低对方的措辞。

"不要在大家面前训斥他人"这一规则已经过时了。如今，不想和上司单独待在一起的年轻人急剧增多。"提醒对方注意"这件事本身就可能会被认为是职权骚扰。

受人喜欢的 **神** 对应

"可以在这里和你说话吗？还是换个地方说呢？"

在年轻人中，既有不想在大家面前被训斥的人，也有觉得和上司单独待在一起，被上司训斥，是很可怕的事情的人。因此，最近许多人提出通过询问对方的意见，选择"训斥的场所"的方式。虽然也有人会回答"哪里都可以"，但是"为对方提供备选项"才是真正的"神对应"。

第1章 职场篇

13

05 提醒下属注意"服装"和"发型"时

令人讨厌的"盐"对应

"你穿的这种衣服,是上班族该穿的吗?给我换成正常上班族穿的衣服。"

"像个上班族""正常的"这种说法其实很模糊,而且,不同行业的定义也不同,所以,这并不是一种很好的提醒方式。此外,"像 A 穿的服装那样",这种将某人作为榜样来举例的方式非常不妥。因为进行比较是引发矛盾的原因,所以,不要将某个人作为榜样来举例,而要通过具体的语言来明确地说明规则。

对于服装或发型的批评，并非职权骚扰。我们需要注意"表达方式"。

受人喜欢的 ✨神✨ 对应

"裙子长度的标准是不露出膝盖。"

请大家整理好自己睡乱的头发，然后裙子长度的标准是不露出膝盖。

因为咱们公司要直接和客户进行商谈。

从明天开始，我会注意！

实在抱歉……

指导下属的穿着是上司的责任，因此，具体且明确地告诉下属"公司的要求"。例如发色。有的企业会提前准备好一缕头发样本，然后明确地告诉员工们，"头发的颜色不能比这个样本的颜色还亮"。此外，当对女员工穿的鞋提出要求时，可以将对于鞋的要求具体定义为"脚趾头和脚后跟都没有露出来的鞋"，这种说法会更容易让员工理解你的意思。

第1章 职场篇　　　　　　　　　　　　　　　　15

06 下属对客户态度不好时

令人讨厌的"盐"对应

"你刚才那种态度,也太没礼貌了吧!?"

如果在还没有完全掌握事实的情况下,就训斥下属或者对下属发火,不仅会让下属感到害怕,还可能会使下属无法对你敞开心扉。比如,孩子们在吵架时,有个孩子打了他的朋友,但事实也许是这个打人的孩子前不久才被他的朋友欺负过,这种情况并不少见。下属对客户态度不好和这个例子是一样的道理。如果你只注意到下属没礼貌的态度,其实是很残忍的。

当你亲眼看见下属失礼的言行时,要条件反射般地意识到:稍等!这也许是能够尽早解决矛盾的机会!

受人喜欢的 神 对应

"你们之间是发生过什么事情吗?如果方便的话,可以和我说一下吗?"

能和我说一下吗?

实际上……

刚才在×公司,你的态度……

是因为之前发生过什么吗?

当你只看到下属与客户之间进行表面上的交流时,要注意:稍等一下!也许是因为在你不知道的地方(邮件来往等),他们之间发生了什么矛盾。首先要问清楚情况,全面地了解事实。至于对客户的道歉,在这之后进行也不迟。

第1章 职场篇

07 后辈被上司训斥时

令人讨厌的"盐"对应

"啊,被训了啊!"

在这种情况下,有许多人出于想要安慰对方的目的,对对方说:"总比被周围的人讨厌要好吧。"但其实,这种话在对方听来只是雪上加霜,既无法安慰对方,也无法鼓励对方。进一步来说,将这种负面的言语通过邮件或便签等能够留痕的形式传达给对方也是万万不可的。因为这种做法可能会在之后引发各种矛盾,所以千万要注意。

"想让对方打起精神来""想关心对方"……为了不让你的体贴以一种"多管闲事"的形式结束,重点的是要若无其事地向对方表达你的心意。

受人喜欢的 **神** 对应

"要是有什么事情的话,可以随时和我说哦。"

有许多人出于好心,和对方说"可以找我商量"。但是,有时对方听到后可能会产生反感,和你顶嘴说:"我不想和你说。"因此,"要是有什么事情的话,随时都可以和我说哦"这种说法才是恰当的说法。因为这种说法实际上是将"说与不说"的选择权交给了对方,所以,不会给你自己造成压力。看准时机和场合,在没有其他人在场的时候,若无其事地对对方说出这句话吧!

第1章 职场篇 19

08 下属没有按照指示处理事情时

令人讨厌的"盐"对应

"你这种做法是不行的。给我按照之前的例子做。"

我能够理解上司在下属"没有遵从自己的指示""没有像之前给出的例子那样处理事情"时，想要不分青红皂白地把下属训一顿的心情。正义感强的人更是如此。但是，一旦不分青红皂白地否定下属，就会迅速降低下属的工作热情。这样一来，下属可能会变成"只做你吩咐的事，无精打采地等待你下达指示的人"。

高情商的人都这样说话

下属的行为背后肯定有他自己的理由。询问下属的想法和打算，不直接否定下属，暂时接受下属的做法，可以加深你们彼此之间的信赖关系。

受人喜欢的 **神** 对应

"你的做法好像和平时不太一样，你能告诉我你的计划吗？"

当下属采用与以往不同的方法来处理事情时，首先先问清楚他的理由（情况、打算）。也许你会因此发现工作中可以改善的地方。如果下属没有什么特别的理由，或者只是做错了的话，那就让他改正过来。如果这个"与以往不同的方法"中有缺点的话，就告诉他原因，然后让他改正过来。作为上司，为了做出这种准确的判断，要将"倾听下属的想法"放在第一位。

第1章　职场篇

09　下属的工作效率低下时

令人讨厌的"盐"对应

"其他人都做得很快。"

你该不是不怎么会用电脑吧？

其他人一般都能做完，为什么你要花费这么长时间？

你今天还打算加班吗？

　　注意到下属的工作效率很低，并且指出这一点，这种做法本身没有问题。但是，当你说出嫌弃对方的话时，只会伤害对方。这不仅不会改善情况，甚至可能会被认为是职权骚扰。与其他人进行比较，这种做法一般来说也是不行的，更别说是说出"你真是没用"这种否定对方人格的话了。

无论是谁，都有其擅长和不擅长的事情。关注并帮助工作效率低的下属，可以提升全体员工的工作效率。但如果嫌弃工作效率低的下属，或对其置之不理，就可能会起到反效果。

受人喜欢的**神**对应

"你的工作好像迟迟没有进展，是哪里遇到问题了吗？"

当注意到下属工作效率低下时，试着改善这一情况：①向下属本人询问其工作效率低的原因；②做出具体的指示，"今后该怎样做"。通过这两个步骤来尽早制定对策吧！其中尤为重要的是，你应该倾听下属的想法。不要给下属施加压力，而是以一种容易让其敞开心扉的态度，倾听他的想法，这才是理想的做法。

10　下属在工作中取得好成绩时

令人讨厌的"盐"对应

"真棒！真不错！"

在称赞下属时，如果只说"真棒""真不错"，可能会起到反作用。这是因为你称赞的内容并不明确。在下属看来，你的称赞一点儿也不走心。此外，要注意不要说一些多余的话，比如"这是你牺牲了个人时间完成的"等。这种说法可能会让对方觉得你话里有话，会让对方觉得你在暗示他"努力到这种程度的话，谁都能做到"，这只会让对方觉得厌烦。

称赞的话语本身并没有问题，但如果想仅凭一两句称赞的话就打动对方的心，实际上是很难做到的。因此，要提前了解提升语言价值的称赞方式。

受人喜欢的 **神** 对应

"这是因为你每天都在努力做××啊。恭喜你啦！"

在称赞的话语中加上原因。"能够完成××，真是太棒了！"明确称赞的内容，让对方清楚你是在"针对具体什么原因进行称赞"。此外，不仅要对成功的结果进行表扬，也要对下属为了成功而付出努力的过程进行表扬。这样一来，可以向下属传达"平时我也有关注你"这一信息（这一点也可以用于平时表扬孩子的场合）。

第1章　职场篇

11 同事早退时

令人讨厌的"盐"对应

"我要早回去了。"

　　虽然说一句"我今天不能按时下班了"也不会被认为是职场暴力，但这种明显不恰当的发言是距离"欺凌"仅有一步之遥的令人反感的言论。某位同事突然早退，确实可能会使其他留下来工作的同事的工作量增加。但是，谁都可能有遇到突发情况而不得不早退的时候。我希望大家都能学会换位思考。

无论是因为本人的身体原因还是因为家里人的事情，当同事突然早退时，为了能让对方放心地回去，就帮对方一把吧！

受人喜欢的 神 对应

"路上小心。明天我会帮你做的，没关系。"

先说几句体贴对方的话，比如"路上小心""保重身体"（当对方身体不好时），等等。然后，如果能再加上几句表明自己会为对方提供帮助的话，就更完美了。比如，"明天我会帮你做报告的"等。这样一来，对于早退的人来说，会有一种被拯救了的感觉。另外，等以后自己需要早退或者遇到危机时，也会更容易得到帮助。

第1章 职场篇

12 同事休完假后重新回来上班时

令人讨厌的"盐"对应

"欢迎回来！你是因为什么休假的呀？"

在职场中，一般来说很忌讳打听同事休假的原因。从"病假"到"产假"、"育儿假"等，有各种各样的长假，但是休假的具体原因是 个人隐私。如果是和工作有关的事情，那么只要上司知道就足够了。即使是同事，也不要去追问对方，或者听信谣言。

> 在职场中，应该重视的是公平性。无论同事是以什么理由休假的，当他重新回来上班时，你应当用像对待其他同事一样的态度来对待他，不能区别对待。

受人喜欢的 ✨神✨ 对应

"欢迎回来。我有想和你分享的事情，等你不忙的时候，能留出一点儿时间给我吗？"

（插图对话：
- 我有想和你分享的事情，等你不忙的时候，能留出30分钟给我吗？
- 早上好！
- 嗯，请多关照！
- 早上好！
- 咖啡）

无论对方是为了治病而休假，还是单纯地休年假，**都不要对结束长假的人给予超出必要的关心，也不要对其进行区别对待**。因为在职场中，**公平是第一原则**。换句话说，无论是"因为治疗抑郁症而休假的人""因为治疗癌症而休假的人"，还是"因为照顾家人而休假的人"，当他们回归职场后，**正确的做法是用像对待其他同事一样的态度来对待他们**。

13 有人向你抱怨对于职场的不满时

令人讨厌的"盐"对应

"没必要因为这点儿小事而烦恼吧？"

即便你想宽慰对方，但当你说出"你也有不对的地方""是你太在意了"这种包含否定意义的回答时，对方很可能今后再也不会找你商量任何事情了。在这种情况下，首先，要共情对方的感受，这是最重要的。其次，不要通过说"我懂"来表达你的共情。因为这样做可能会留下把柄，对方可能今后会和其他人说："××也是这样想的！"

不必非要说出巧妙的回答或解决方案，只需要静静地听对方说，接受对方的看法，就能增加自己在职场中的伙伴。

受人喜欢的 **神** 对应

"原来有这样的事啊！"

"是××，是吧"，就像这样，直接接受对方的看法，并表现出共情吧！对方会因为感受到"他懂我"而感到满足。但是，直接表达自己的意见或者直接说出"我明白他的那种语气很难听"，以此来表示"共情"是不行的。不过，如果是在与坏话无关的日常对话中，比如，当对方说"那个蛋糕很好吃"时，你说"我懂"，像这样强烈地表示同感就没有问题。

第1章 职场篇

14　有人向你汇报"有受到职权骚扰的人"时

令人讨厌的"盐"对应

"哎？真的吗？有证据吗？是不是你误会了？"

> 我觉得××不像是这种人，你是不是误会了？
>
> 你有证据吗？
>
> 哎？具体是什么事？
>
> A受到了××的职权骚扰。
>
> 生气
>
> 我好不容易才鼓起勇气告发的！

　　在职场中，许多管理者会因为追求"平稳地度过每一天"，而下意识地认为"不存在职权骚扰的情况"，从而低估事情的严重性。实际上，如果真的不存在职权骚扰的情况的话还好，但如果下属汇报的内容是事实，而你明明知道却还放任不管的话，就会酿成大祸。另外，你的这种做法也会伤害向你汇报这一情况的人。

高情商的人都这样说话

虽然职场里的检举告发有其难得的一面，但是只有当事人才知道事情的真相。首先也是最重要的是，你要照顾到向你汇报的人的情绪。

受人喜欢的 ✨神✨ 对应

> "谢谢。你把你看到的情况和我说明一下吧。"

（漫画内容：
- 好的。
- 谢谢你向我汇报。
- 你能在15分钟后到我的办公室和我说一下你看到的情况吗？
- A受到了××的职权骚扰。）

首先，你要对于对方"背负着被怀疑的风险，向你汇报"这一行为本身表示感谢。和"（可能）受到了职权骚扰的人"谈话，是在这之后的事情。其次，当你和"（可能）受到了职权骚扰的人"谈话时，要先向对方确认情况。不要一开始就直接问对方"你受到了职权骚扰，是吗"。因为汇报人自己"误会"或"主观臆断"的可能性也很高。

15　犯错后被上司训斥时

令人讨厌的"盐"对应

"我又不是故意的。"

> 是客户误会了。

> 你解释一下这是怎么回事吧。

> 客户向我投诉说,『和之前约定好的不一样』。

> 不是,我认真地和客户说明了。

> 本来这次的谈话就是预料之外的事。

　　作为下属,如果你不情不愿地道歉,并说"我没想到会发生这样的事""我又不是故意的",就会给上司留下不好的印象。在上司看来,你可能是在"转嫁责任""找借口",或者"目中无人"等。无论事实如何,你都要勇于承担自己犯下的错误,让上司看到你认错的态度。

在道完歉后说的话，决定了你是否可以抓住机会提升自我价值。在犯了错误后的一段时间内，你需要做到坚强和忍耐。

受人喜欢的 **神** 对应

"作为改进的措施，我会进行××，并且努力避免这类事情再次发生。"

客户向我投诉说，"和之前约定好的不一样"，你解释一下这是怎么回事吧。

实在抱歉。

今后，为了避免双方的理解存在差异，我会采用书面形式，进行清晰地说明。

承认自己的错误并发自内心地道歉是非常重要的。但是，如果仅以道歉来结束谈话的话，你就无法称得上是一名合格的社会人。你需要提出之后具体的改进措施。理想的做法是能明确地说出"我会对××进行彻底地检查，避免今后再犯类似的错误"等。这样一来，上司会更加信任你。

第1章 职场篇

16　隐约地感受到对方的怒气时

令人讨厌的"盐"对应

"你有说过截止日期吗？我没听到……"

被对方的愤怒所影响，自己也摆出一副要吵架的架势，说"我没听到"，这种做法是错误的。正确的做法是忽视对方的愤怒。因为"愤怒"是由"焦虑""担心""不安"等其他情感（第一情感）引起的。观察对方的第一情感，然后通过能改变其第一情感的言行来应对吧！

对方拜托你做某件工作但没有告知你截止日期，却又在快到截止日期时来催促你，如果你是理性的、目光长远的人，就能克服这一困难！

受人喜欢的 神 对应

"我马上去做。您什么时候要呢？"

（漫画对话）
- 您什么时候要呢？
- ？
- 要分发的材料吗？
- 我马上去做。
- 你还没做完吗？！
- 喂！
- 明天要在家长会上分发的学生报告，

　　去应对对方"愤怒"的外衣下隐藏的第一情感（在这里是"焦虑"或"担心"）吧！具体的做法是告诉对方"我会立刻去做"，并和对方确认截止时间，以此来缓解对方的焦虑或担心。也许有在这种情况下会条件反射般地想要道歉的人，但是，如果对方的态度很差，就不需要对其道歉。比起道歉，重要的是以一种认真的态度来对待对方，并向对方传达自己的"真心"。

第1章　职场篇

17 对上司说的话耿耿于怀时

令人讨厌的"盐"对应

"你这是职权骚扰！"

在这种情况下，如果选择笑着搪塞过去或者默不作声的话，对方很容易得寸进尺，因此要果断地进行应对。话虽如此，但如果对方说的话很微妙，就要尽可能避免正面指责对方。因为如果你因此反被对方怨恨的话，就可能会陷入对自己不利的境地。

"你最近在和谁约会吗""你看起来不会自己做饭",对于这种接近职权骚扰的低劣发言,比起用敌对的态度去应对,不如向对方表明"你伤害了我"更有效!

受人喜欢的 神 对应

"当我被人追问私生活的时候,心情会变得很差。"

我被人问到与私生活有关的问题,或者被人进行主观臆断时,心情就会变得很差。

你看起来似乎是不会在家里做饭的人。

你每天都和你男朋友见面吗?

比起用直接的语言攻击对方,不如告诉对方"你伤害了我""我很难过",这样做会更容易改变对方的行为,而且也不会引发矛盾。如果在这样做了之后,对方依然不依不饶的话,那么你就大声地说出来:"你这是职权骚扰!"在这种时候,你需要明确地说出:"我很讨厌你这种行为"。

第1章 职场篇

39

18 被上司夸奖穿着时

令人讨厌的"盐"对应

"我有男朋友。"

在绝大多数情况下,当上司和下属讨论穿着时,只是单纯地想和下属聊聊天(通过聊天与下属保持良好的关系)。如果你怀疑上司有不良企图,进而以一种想要和上司吵架的架势来回复上司的话,可能会被上司看作"麻烦的人"。这样一来,即使是最低程度的、工作所必需的信赖关系,也将很难在你们之间建立起来。

对于上司来说,"夸奖下属的穿着"是与下属展开交流的一种捷径。为了能让对话继续下去,你需要认真地回应上司的夸奖。

受人喜欢的 神 对应

> "我很开心能听到您这么说。"

不要否定对方的夸赞,先坦率地接受,然后表达谢意,这是基本原则。以此为契机,与上司进行友好地交流吧!不过,当上司说"看起来很贵"时,你要注意展现自己的谦虚。比如,"这是我给自己顺利完成工作的奖励,所以稍微奢侈了一下""这是我用攒了很久的钱买的",等等(夸张点也没关系)。

第 1 章　职场篇

19 不想按照上司的指示，而想按照其他方法处理事情时

令人讨厌的"盐"对应

"又要用这种方法来做吗？我有更好的方法，我要用我的这个方法来做！"

如果你想否定已经在所在公司中成为惯例的做法（方法、工具），突然提出"想要进行改变"，那么你需要三思而后行。尤其是"刚进公司不久的人"，提出这件事会有很高的风险。即使你本人没有恶意，只是单纯地想为提升工作效率做出贡献，但是其他人可能会认为你只是不想被小看。

在数字化转型不断普及的当今社会，比起古老的方法（工具），许多人会更期待使用数字化的新方法。但是，突然提出"我想使用其他方法"是不行的。

受人喜欢的 **神** 对应

"使用这个方法可以缩短时间。我可以使用这个方法吗？"

比起之前的方法，这个方法能缩短时间，所以，可以允许我使用这个工具吗？

我自己也更习惯使用这个工具，所以如果可以的话，能让我使用这个工具吗？

在提出新方法时，要以一种低姿态来请求对方许可。如果你是刚进公司不久的人，就更要如此。无论是规模多么小的公司，都有自己的等级制度和已经成为惯例的做法。如果你无视这一点，那么很可能会破坏整个公司的和谐。即使你感觉用现在的方法来工作效率很低，但你要知道，在一个组织内部崭露头角是有步骤的，也是需要时间的。

20 上司在快到截止日期，说"希望你能提早完成"时

令人讨厌的 "盐" 对应

"现在才说，已经来不及了。"

立刻拒绝

您的意思是让自己一个人在这加班吗？

现在才说，已经来不及了。

之前拜托你在月末提交的居家办公员工的社会调查报告，能麻烦你提前到这周末提交吗？

可以吗？

很抱歉突然和你说这件事。

在职场里的目的就是"完成工作"，无论如何也要按时完成工作是基本前提。冷漠地拒绝对方说"不可能"，或者以一种不想和对方合作的态度来回复对方，都不是一名合格的职场人该做的事情。除此之外，表面上遵从对方的请求，说"我会尽可能快点儿完成"，但实际上却没有遵守日期，这种做法从某种意义上来说也是"盐对应"，会失去对方的信任。

无论在哪个公司，当情况突然发生变化，上司命令下属"快点儿做"时，下属可能都会感到为难。当遇到这种突发情况时，不要反抗，要顺势而为，这才是正确的做法。

受人喜欢的 **神** 对应

"如果能有 × 个人帮我一起做的话，应该能来得及。"

之前拜托你在月末提交的居家办公员工的社会调查报告，能麻烦你提前到这周末提交吗？

很抱歉突然和你说这件事。

是吗……

如果您能给我派两个助手的话，我应该可以做完。

为了能在上司要求的日期之前完成这份工作，你即使不好意思，也要放下顾虑，请上司为你提供帮助。不要一个人承担所有任务，而要思考"该怎样做才能快速且顺利地完成工作"。将自己具体的期望告诉上司，和上司一起商量。比如，"如果您能派 × 个人，和我一起工作 × 小时的话，就能来得及。"

21 接待完客户后，上司邀请你继续去喝酒，而你想拒绝时

令人讨厌的"盐"对应

"您说'接着去喝点儿'，这算工作范畴内的事吗？"

"和上司单独去另一家店接着喝酒"已经超出了工作的范畴。当上司强迫下属和他一起去的时候，就已经构成了性骚扰。话虽如此，如果非常严肃地拒绝上司，说"这已经超出了工作的范畴"，就可能会使人际关系出现裂痕。因为一两句话而使双方的关系突然恶化的事例在日常生活中并不少见。

当和上司一起接待完客户之后，上司邀请你接着喝一杯时，无论上司是同性还是异性，都能顺利地搪塞过去的回答是什么呢？

受人喜欢的 神 对应

"我刚才有点儿太拼了，已经喝到极限了，所以我先告辞了。"

不要说太多多余的话，坦率地做出应对吧！"明天还要早点儿上班""快要赶不上末班车了""已经没有力气了"等，给出这种简单的理由就足够了。不要让对方看到你犹豫不决的态度。此外，如果在这种情况下使用平时很好用的"身体不太舒服"这一理由，对方可能会想"你刚才不是还挺有精神的吗"，所以要注意这一点。

第1章 职场篇

47

22 由于超出自己的能力范围而想拒绝额外的工作时

令人讨厌的"盐"对应

"为什么我非做不可呢？"

　　在现在的年轻人里，有些"勇士"在这种情况下会无所顾忌地回答说："我可以不做吗？"从某种意义上来说，不唯唯诺诺、坚持自己的立场，是十分珍贵的品质。但是，如果一直保持这种态度，可能会影响人际关系。另外，即使是用一种很抱歉的表情来说这种话，在不久之后还是会被贴上"工作态度消极"的标签，对自己弊大于利。

在职场中，接受被安排的工作算是理所当然的事情。不过，在能预料到"那份工作会很难做"时，圆滑且巧妙地拒绝也是工作的内容之一。

受人喜欢的 **神** 对应

"现在，我手头上还有很多工作，没办法着手做新的工作。"

在拒绝对方时，如果能说明理由，就会让对方更容易理解你。"在×号之前，我必须要提交××""我这个月因为××忙得不可开交"等，如果连日期也告诉对方，效果会更好。不过，为了不让对方讨厌你，请不要说一些违心的客套话。比如，明明是你不擅长的事情，你却和对方说"虽然我很感兴趣"，这样一来，对方可能会想着"那我下次再找你"，这种做法其实是在自找麻烦。所以，请一定要注意这一点。

第1章 职场篇

23 被试探是否想升职，想回绝对方时

令人讨厌的"盐"对应

"我好像无法担此大任。"

　　一方面，有一部分人会因为"还想活跃在第一线""觉得自己不适合管理岗位"等原因，而真心不想升职。在这种情况下，就礼貌地当场回绝对方吧。另一方面，还有一些人为了能听到对方说"如果是你的话，一定可以"这种称赞的话，故意不说清楚自己的回答，从而让对方感到困惑。

"升职＝值得庆贺"这种印象已经过时了！如今，有人为了能顺利地换工作、自立门户、结婚、生孩子、照顾孩子而并不期待升职，因为升职在某种意义上意味着工作会变得更加繁忙。

受人喜欢的 神 对应

> "我的孩子还小，还需要我照顾。非常感谢您的提议，我想就此谢绝。"

你想不想成为分店店长呢？ 微笑 微笑

因为我没办法突然出差，所以恕难接受您的提议。

真的很感谢您的提议。

　　自己的能力和工作成绩能得到他人的认可是一件值得开心的事情。但是，升职会无法避免地使自己的生活状态发生改变。有的人可能在家里还要负责做家务、育儿、照顾老人等，所以不想因为工作而压缩个人时间。在这种情况下，不要勉强自己，坦率地谢绝对方吧。这样的话，从结果来看，对大家都好。

第1章 职场篇

24 由于符合"缩短工时制"的条件而提早下班时

令人讨厌的 盐 对应

> "我想大家也知道,我要下班了!"

在还没有完成任务的情况下,大肆宣扬自己拥有"缩短工时"这一特权的人并不少见。这种做法**会在不知不觉间给周围的人增加负担**,所以要注意这一点。另外,因为留下来继续工作的同事需要替你接电话或者帮你处理还没有完成的工作,所以可能会有很多同事**因此感到不满**。

"缩短工时"确实是你的权利之一。但是，长此以往其他同事对你的印象会变得越来越差。因此，要从平时就开始采取预防措施，通过感谢的言行来化解同事心中的不满。

受人喜欢的 **神** 对应

> "托您的福，我才能赶上去托儿所接孩子的时间。"

不好意思，你能把上周埼玉和茨城的销售数据总结出来给我吗？

实在抱歉！

因为我马上要下班了，我明天早上一上班就会做您交代的事。

感谢您一直以来的关照。

托您的福，我今天应该也能赶上接孩子的时间。

"托大家的福，我才能早点回家，做到工作育儿两不误。"
一有机会就真诚地向同事们表达自己的感谢是非常重要的。除了每天和同事们打招呼，如果能让大家看到你经常抢着去做麻烦的工作，效果会更好。请把这些当作让工作顺利推进的基础吧！

第 1 章　职场篇　　　　　　　　　　　　　　　　53

25 不想参加工作结束后的聚餐时

令人讨厌的"盐"对应

"如果能去的话,我会去的。"

通常,在回答"如果能去的话,我会去的"之后,实际上几乎没有人真的会去。因为很多人觉得"就算少我一个人也不会有什么影响吧"。但是,这种做法已经超越了"不诚实"的界限,到达了"违反礼仪"的境地。所以,我希望大家能站在组织这场聚餐的人以及餐厅的角度来思考和行动。"尽早告诉对方自己是否会出席"是最基本的原则。

高情商的人都这样说话

有许多人完全不考虑组织者的感受，总是给出十分敷衍的回答。正确的做法是先表达自己的诚意，然后礼貌地、尽早地回复对方。

受人喜欢的 神 对应

"谢谢您的邀请。很抱歉，这次我无法参加。"

面对对方的邀请，要<u>先表达谢意，然后再果断地拒绝</u>。不需要解释一些多余的事情。比如，说"我已经和 A 有约了"来拒绝，可能会给 A 带来困扰。此外，<u>也没有必要说</u>"其实我真的很想去"这种<u>客套话</u>。因为对方可能会出于好意说"那我们改个时间吧？"这样的话，反而会使事情变得更麻烦。总之，<u>"拒绝"</u>这件事能通过练习而有所进步。

第1章 职场篇

26 初次拜访客户时

令人讨厌的"盐"对应

"好紧张……没办法直视对方的眼睛。"

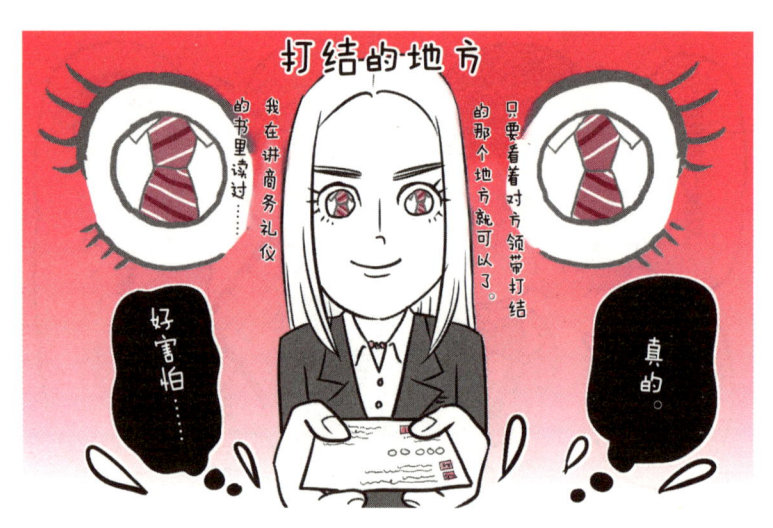

我经常听到有人和我说:"我很不擅长和他人对视。"有的礼仪流派提议,"当与对方面对面时,不要看着对方的眼睛,而要看着对方领带打结的地方(胸口)。"但其实,这样并不会给对方留下好印象。而且当对方是女性时,还可能会演变成性骚扰。所以,哪怕只有一瞬间也可以,和对方对视吧!

> 关于初次见面时的基本礼仪，不同的人有不同的见解。但是，不可或缺的是"与对方四目相对的瞬间"。

受人喜欢的神对应

"我是××公司的××。×先生/女士，请您多多关照。"

（对话气泡）
- 奇拉拉女士，今后也请您多多关照。
- 我才是，要麻烦您多多关照啦。
- 抱歉。
- 不，是读作「Ji」。
- 是奇拉拉女士吗？

以下为从古至今都不曾发生改变、初次见面打招呼时的"捷径"：①与对方对视；②自报姓名和公司，并称呼对方的名字；③鞠躬行礼，说："请您多多关照。"当对方名字里有生僻字时，可以询问对方："不好意思，请问您的名字应该怎么读呢？"在与对方初次见面时，这并不算是失礼的行为。

---

① 奇拉拉的奇，发音可以是 qi，也可以是 Ji。——编者注

第1章　职场篇

27 忘记对方的姓名时

令人讨厌的"盐"对应

"就继续装作没有意识到这件事吧……"

当你忘记对方的姓名时，你一边想着"这个人是谁来着"，一边避开对方的目光，陷入沉默。在气氛非常沉闷的状态下，你仿佛是在和对方比赛谁更能忍住"不和对方打招呼"，结果往往是不了了之。当心里觉得别扭时，动作就会变得僵硬，从而没办法轻松地和对方搭话。在这种情况下，上策是主动和对方说话，哪怕只说一两句也好。

虽然你觉得好像在哪里见过对方，但却想不起来那个场景以及对方的名字。在这种时候，向对方自报姓名就是"胜利"。

受人喜欢的 **神** 对应

"我叫××。不好意思，请问我们之前是不是见过面呢？"

当你意识到"哎？我之前是不是见过这个人"时，就要先下手为强。主动向对方报出姓名，并且用一种随和的口吻告诉对方"我觉得我们之前好像在哪里见过"。如果是你自己认错人了，那么只需要向对方说一声"抱歉"就足够了，没有必要过于惶恐。聪明的做法是以这次误会为契机，以"向对方打招呼"的方式来轻松地结束这次对话，比如"今后请您多多关照。"

第1章 职场篇

59

28 与对方产生分歧时

令人讨厌的"盐"对应

"那个说法难道没错吗？"

> 当时最后说的是由▷▷负责吧。
>
> 如果之后出现问题的话会很麻烦，所以，就现在在这里把它说清楚吧！

> 不是，不是，不是这样。

> 贵公司的××这个案子是由○○负责的是吗？

即使很明显是对方错了，你也<u>不要直接指出对方的错误，因为这种做法会带来很高的风险</u>。"被指出错误"就相当于"现在的自己"被否定了，无论是谁，都多少会有些不开心。哪怕你作为指出错误的一方本身没有任何不对，也会因为说话方式有问题，导致对方对你的好感度瞬间降低。

> 不要让对方觉得不愉快。为了能改变对方的想法，说话时不要用否定语气，而要用肯定语气。另外，如果能说出"我自己也有不对的地方"，就再好不过了。

受人喜欢的 神 对应

"可能是我们这边没有完全理解您的想法，所以咱们再一起讨论一下可以吗？"

（漫画对话：）
- 贵公司的××这个案子是由○○负责的是吗？
- 抱歉，可能是我没有表达清楚，给您添麻烦了。我们这边没有完全理解您的想法，所以咱们再一起讨论一下可以吗？

　　不要和对方对着干，质问对方："谁说的是对的？"理想的做法是<u>拜托对方和你一起重新把事情说清楚</u>。如果是你自己的错误，就坦诚地向对方道歉。但是，在向对方道歉时，不要说<u>"我原以为""我不小心"</u>这种避重就轻的词。如果是对方自己理解错了，你也可以向对方道歉说："很抱歉，是我没能说清楚。"给对方留个面子，就当是卖对方一个人情吧！

29 与对方的谈判没有结果时

令人讨厌的 **盐** 对应

"我和你没法沟通，你让你的上级来和我谈吧。"

当你无法顺利地和对方进行沟通时，可能是因为对方对实际的情况不够了解，或者经验和知识不足。在这种情况下，上策是让对方的上级来和自己交涉。话虽如此，如果直接说出自己的要求，就可能会使对方对你的好感度瞬间降低。

当你与其他公司的人谈判进展不顺利，而且并不是因为发生了矛盾，而是因为谈不到一起时，最好的做法是下定决心与对方的上级进行沟通。

受人喜欢的 神 对应

"实在抱歉，我的意见好像没能准确地传达给你们。所以，能让你们公司有决定权的人直接和我沟通吗？"

在商务谈判的现场，提出"请让有决定权的人和我沟通"这一请求并不奇怪。因为如果这样做可以加快谈判速度，那么对双方来说都是有利的。但是，重要的是要注意说话方式。不要感情用事，而要礼貌、谦逊地拜托对方，这样一来，就不会伤害到任何人了。

第1章 职场篇　　63

30　客户称赞下属时

令人讨厌的"盐"对应

"把他培养成现在这样，花费了我们不少时间呢（笑）。"

上司在下属面前指出他的缺点，往往会让下属感到非常懊恼。这是因为对于下属本人来说，往往最在意的就是上司的称赞和认可。为了能让下属继续进步，请在其他人面前多多称赞他。虽然在日本有"自谦"的文化，但是，近年来，人们开始重新看待这种所谓的"不谦逊的态度"。

> 当客户在你的面前夸奖你的下属时,你是会故作谦虚,还是会趁机夸一夸下属呢?能让下属在这种情况下感到开心的做法是怎样的呢?

受人喜欢的 神 对应

"谢谢您的称赞。我现在也很依赖他呢。"

否定客户对下属的称赞,其实是非常没有礼貌的行为。"谢谢您的称赞",就这样坦率地接受客户的称赞也没关系。这是让下属继续进步的绝佳机会,所以,你可以顺着客户说的话,趁机好好称赞一下下属。在同时得到客户和上司的称赞之后,下属的工作热情会变得更加高涨。

31 客户说"你加我为好友吧",而你却想拒绝时

令人讨厌的 **盐** 对应

> "我不用 SNS(社交网络软件)。"

实际上,"拒绝对方"比"向对方提出请求"更难。这是因为"拒绝"这一行为中包含了"没有顺从对方想法的内疚感"。因此,在拒绝对方时,请尽可能地以圆滑的说话方式和抱歉的态度来拒绝对方。如果铁面无私、冷淡无情地拒绝对方,就会使对方对你的好感度变得更低。

当对方要求与你通过 SNS 进行交流时，如果你想在不降低自身好感度的前提下顺利地应付过去，那就不要胡乱地解释，而是礼貌地拒绝对方。

受人喜欢的神对应

"抱歉，我们公司不允许员工使用 SNS。"

当你想要拒绝对方时，可以说："我们公司禁止员工使用 SNS（在这种情况下，即使公司并没有这项规定，也可以这样说）。"这样一来，你还可以顺便向对方传达"我是遵守规定的人"这一信息，对方也许会因此更加信任你。但是，需要注意的是，不要说出具体的人名，比如，"会被 ×× 部长骂"。因为这样做可能会使事情变得更加麻烦，并给身边的人带来困扰。

第 1 章　职场篇

第2章

家庭篇

○ 将自己的要求具体地告诉对方

在与家人进行交流时,首先要记住"即使我不说,对方也会觉察出来"这种想法并不正确。无论是陪伴你许久的另一半还是亲人,都不是能读懂你内心的超能力者。他们无法猜出你在想什么,因此,也无法按照你所想的那样去做。

总之,我建议大家不要过于相信对方,而要尽可能具体地将自己的心情用语言表达出来,并真诚地传达给对方。如果你觉得这样做很麻烦,不愿意这样做,那么很可能会为你们之后的争吵埋下种子。"明明心里惦记着对方,却什么也不说"绝对不正确。

○ 即使想吐槽对方,也要先认真地听对方说完

我在第1章的职场篇中曾提到"要目光长远,为将来做好打算",在家庭中亦是如此。

在家庭生活中,互相理解与互相让步是不可或缺的。因此,为了能让你们彼此一直舒服地生活在这个家庭中,请大家注意以下3个原则。

(1)能磨合的时候,就进行磨合(如饮食上的偏好等,

详见第 35 节)。

（2）能改善的地方，就进行改善（如与另一半的父母的相处方式等，详见第 45 节)。

（3）该尊重的部分，就不要互相干涉（如所有物的管理等，详见第 34 节)。

需要注意的是，要想做到磨合和改善，就要认真地重复对方所说的话。当你对于对方所说的话产生疑问时，不要立刻条件反射般地以疑问的形式问对方"为什么"，而要试着先暂且接受对方的想法，询问对方："这样啊""你是这么想的呀"，然后再问："那是为什么呢?"

仅用一两句话作为铺垫，就能向对方传达"我理解你的想法"这一信息，这样一来，此后的交流也会变得更加顺利。人心是非常有趣的东西，仅仅是自己的心情得到了理解，人就会感到满足和开心。

反过来说，从"我们原本没有互相理解"这一认识出发，一步步地推进对话并且缩短内心的距离，是通往相互理解的捷径。

32 另一半不做家务时

令人讨厌的"盐"对应

"为什么总是我在做？不管怎么说，他也太迟钝了吧！"

　　你在心里默念，希望对方能察觉自己的心情，然而在通常情况下，对方都无法理解。不要担心"如果直接说出来会被讨厌"，将自己的期望具体地告诉对方吧！没必要害怕丈夫产生自己被妻子呼来唤去的想法。与其不爽地告诉对方"你注意点"，不如尽早和对方说清楚自己的想法，这样的话，对方的心情也能变得愉快。

即使在一起生活了很长时间，彼此之间的交流仍然十分重要。谁都不可能在对方什么都不说的情况下理解对方的想法。请铭记"要将自己的心情转化为语言"。

受人喜欢的 神 对应

"如果你能用吸尘器打扫一下客厅和卧室，我会非常开心。"

如果你周末能帮我洗一下碗，我会很开心的。

还有，如果你能偶尔擦一下窗户，我会轻松很多。

好的。

没问题！

在向对方传达自己的期望时，要明确要点。 比如，当你在家里办公，想拜托对方照顾一下孩子时，不要和对方说"帮我看一下孩子"，而要拜托对方"带孩子去公园吧"；当你想让对方去买卫生纸时，要具体说清楚是买单层的还是买双层的。对于被拜托的一方来说，**具体的指示会更容易执行。**

第 2 章　家庭篇　　　　　　　　　　　　73

33 另一半做家务总是敷衍了事时

令人讨厌的**盐**对应

"你连这种事情也做不好吗?"

明明已经努力地做了家务,却被冷眼相待。在这种情况下,无论你们彼此之间有多熟悉,你都会无可避免地伤害到对方的自尊心,并且会让对方变得再也不想做家务了。有些说话方式甚至可能会让对方感到"屈辱"。出现这种情况的原因在于:在没有向对方进行任何说明的情况下,要求对方做到"你一直以来理所当然能做到的事情"。

> 在没有向对方进行说明的情况下，没有人能 100% 按照你的想法去做。无论是洗衣服、打扫卫生、买东西还是做饭，都无一例外！

受人喜欢的 神 对应

> "谢谢！如果下次你能像我这样来做的话，我会很开心。"

当你想提升对方做家务的质量，或者想让对方按照自己的方法去做时，请先做给他看。如果可以的话，和他一起做会更好。这样一来，他可以在这个过程中领悟其中的诀窍。这比你"强忍着怒气，自己来做"要有效得多。此外，在最开始的时候，要先向对方说声"谢谢"，表达你的谢意，这会让对方更愿意聆听你的期望。

34 被另一半提醒说"房间脏了"时

令人讨厌的**盐**对应

> "一般来说,都是谁注意到脏了,谁来打扫吧?"

在这种情况下,先不要着急反驳对方"打扫卫生是我一个人的责任吗?""应该是谁注意到了谁打扫吧?"如果这样你一言我一语,则可能演变成互相推卸责任。即使你向对方发泄自己烦躁的情绪,也无法解决问题。

76　　　　　　　　　　　　　　　　高情商的人都这样说话

当和你一起居住的人催促你打扫卫生时，比起反驳对方"又不是只有我有责任打扫"，不如让对方参与进来，和你一起打扫。

受人喜欢的 **神** 对应

"是吗？那我们现在一起打扫吧？"

接受对方的意见，然后请求对方和自己一起打扫。不要把责任都揽到自己身上，说"我来打扫"，也不要强迫对方，说"那你来打扫"。换句话说，重要的是要双方一起做这件事。而且，要立刻着手去做。如果总是想着之后再做，就永远不会真的开始做。此外，在扔掉对方的东西时，要提前询问对方，这是最基本的原则。

第 2 章　家庭篇

35 被另一半吐槽"饭做得不好吃"时

令人讨厌的"盐"对应

"你要是不满意的话，你就自己做吧。"

就算你对"自己做的饭被吐槽了"这件事感到非常生气，然后开始和对方闹别扭，也不会使情况好转。更不用说，反驳对方"你要是不满意的话，就自己做吧"，只会使你们之间的关系越来越差。因为对方并没有否定你的人格，所以我希望大家在这种情况下能冷静地应对。

每个人的口味都存在很大的差异。如果是能通过花时间和心思改善的，就尽早改善。坦率地向对方传达自己的心情。

受人喜欢的 神 对应

"听到你这样说，我很难过。"

每个人对味道的喜好都不同。你可以询问对方"怎样做会比较合你的口味"等，与对方互相磨合。在家里吃饭是每天都要面对的事情，因此，重要的是要互相让步。你可以先做得淡一些，然后在吃饭时，双方再各自添加自己喜欢的调料来调整味道。当你被对方批评后，觉得干劲不足时，就坦率地告诉对方你的心情吧！比如，"这明明是我花了很多心思做的，听到你这样说，我很难过"。

36　另一半小题大做地确认你是否安全时

令人讨厌的"盐"对应

"不要总给我打电话，我很忙。"

对于因为担心你的安全而联系你的人，不要急着以"我很忙"为由而挂断电话。对方应该也是在百忙之中特意放下手里的工作联系你的。如果你不耐烦地挂断电话，就显得有些恩将仇报了。如果你平时总是这样冷冰冰地拒绝对方的关心，那么，当你真的身处险境时，也许对方就会误以为你一定没事，反而不会担心你。

当对方因为地震等自然灾害或者附近发生的事故等联系你,确认你的安全时,你如果不领情反而会影响你们之间的感情。遇到这种情况,要将其作为讨论"真的到了紧急时刻怎么办"的契机。

受人喜欢的神对应

"谢谢你关心我,我没事(讨论紧急时刻的应对措施)。"

要尽早向对方表示感谢,并告诉对方你的情况。比如"谢谢你,我没事。"如果你认为对方没有必要小题大做地确认你的安全,那可以和对方提前约定好<u>地震时,等我所在的地方的震级达到 4 级以上再联系我</u>等。这样一来,即使你没有立即回应对方"不符合约定内容"的安全确认,应该也能得到对方的谅解。

37 另一半在你很忙的时候和你说话时

令人讨厌的"盐"对应

"我现在很忙，你等会儿再说！"

如果你在没有明确说明原因的情况下，就告诉对方"你等会儿再说"，对方会觉得自己被否定了，从而感到很伤心。对方还可能会觉得"难道是因为我做错了什么事，让她心情不好了吗？"因此，在这种情况下，要告诉对方你很忙的原因。如果只说一句"你等会儿再说"，未免显得太冷漠了。

82　　高情商的人都这样说话

无论在职场中还是在家庭中,"拒绝他人"都是一件很难的事。不过,如果是在家庭中,那直截了当地告诉对方原因也没关系。换句话说,明确地说出原因才是"最优解"。

受人喜欢的 神 对应

"抱歉,我现在必须立刻回复部长的邮件,所以不能听你说。你可以等××分钟之后再和我说吗?"

> 我现在必须立刻回复部长的邮件。

> 现在恐怕不行,等吃晚饭的时候再和我说吧,抱歉。

> 今天在工厂里发生了一件很不寻常的事。

> 是吗?那我先去洗个澡吧。

"因为××,所以你可以30分钟之后再和我说吗?"要像这样,与对方进行合理的交涉。也许有人会想"在家庭中还要进行交涉吗?"但其实,比起在职场中,在家庭中将规则明确化,反而更重要。比如,当你心情不好,无法回应对方时,你可以告诉对方"因为课长故意为难我,所以我现在很生气",这就相当于告诉对方"我不是因为你而生气的"。

第 2 章 家庭篇

38 另一半突然和你说想买昂贵的东西时

令人讨厌的"盐"对应

"没有那么多钱。"

"不行""真的有必要吗""纯属浪费"……当你用这种带有否定含义的话回答对方时,可能会引起不必要的争吵。而且,人们通常都有"被否定之后,反而更执着"的心理。为了不让对方执着于"原本不买也可以的东西",请一定要注意这一点。

人们通常会拒绝或反对对方突如其来的请求。但是，从交流理论的角度来看，正确的做法是先暂且接受并理解对方的心情。

受人喜欢的 **神** 对应

"你想要××是吗？那咱们一起讨论一下使用的次数和预算吧。"

先接受对方想要买新物品的心情吧！就像传接球练习一样，这样做会让对方感到安心。接受并不等于同意，所以你也可以放心。这样一来，就可以在双方没有冲突、保持良好关系的状态下，开始讨论"是否有必要""预算是多少"等问题。这种说话技巧也同样适用于与孩子的交流。

第 2 章　家庭篇

39 另一半告诉你"我生病了"时

令人讨厌的"盐"对应

"自作自受！说了不要暴饮暴食嘛！"

> 像你那样暴饮暴食……
> 这是理所当然的吧！
> 医生说我的血压太高了，很危险。
> 所以我才总是让你去运动啊！
> 啊！
> 气不打一处来

在这种情况下，抓住机会吐槽对方平时的习惯，也是人之常情。如果你平时就很担心对方，经常提醒他注意的话，在这种时候，可能会更想要吐槽他。话虽如此，但事到如今，无论怎样埋怨对方也已经是覆水难收。而且，这样做不仅会让他感到沮丧，还可能会使你们之间的关系出现裂痕。正确的做法是尽可能克制自己的情绪。

当对方突然生病或在体检时发现健康指标出现异常时，不要因为无法接受这一结果而说气话，伤害对方。最好的做法是让对方感受到你会陪他一起治疗的态度。

受人喜欢的 神 对应

"先努力控制饮食吧！我会重新调整菜单，和你一起加油。"

那我们开始控制饮食吧？

我会重新调整菜单。

如果有我能帮上忙的事情，我会帮你的。

医生说我的血压太高了，很危险。

垂头丧气

菜谱大全

对于过去的不良习惯，对方应该是最后悔的。所以你要做的是：为将来做好打算，积极地和对方一起努力去做从现在开始能做的事情。比如，早睡早起、多运动、戒烟戒酒、控制饮食等，许多有利于健康的事情都可以做。你可以从中选出一项，然后陪对方一起完成！

第 2 章　家庭篇

40 想和家人一起去旅行时

令人讨厌的"盐"对应

"听说黄金周的时候，A 要去冲绳，B 要去夏威夷。"

通过列举其他家庭的例子，委婉地表达"我也想让你带我去旅行"的做法并不是上策。无论是谁，在被和其他人放在一起比较时，都会失去热情。因为他会觉得自己被贬低、否定了。

如果大家能一起调整日程，留出时间去旅行，是最好的。但是，关于时间和预算等的安排并不容易。因此，为了能实现去旅行的愿望，先笑着沟通吧！

受人喜欢的 **神** 对应

"今年的黄金周，我想去冲绳，你觉得怎么样？"

黄金周的时候，我想去冲绳，你觉得怎么样？

抱歉，今年的黄金周，我好像不能休假。

那咱们一起攒攒假期，等夏天的时候去旅行吧？

好啊！

"我想去××，你觉得怎么样？"就像这样，直接地询问对方吧。总而言之，**"传达自己的想法，询问对方的意见"** 这种方式是最好的。因为即使是家人，也**很难具体地猜出你的需求**。此外，当对方回答说"有点难办"时，你可以和对方讨论"那明年能去吗？""那从现在开始省钱吧？"等。这样的话，谈话就不会演变为争吵。

第 2 章　家庭篇

41 希望另一半能改变一下外貌或性格时

令人讨厌的 **盐** 对应

"你身上最近有股臭味儿，想想办法除掉吧。"

就算你不这么说，我也知道！

关于从"你身上有股老人味""你太胖了""你的体态真差"这种与身体相关的事情，到"优柔寡断""性格急躁"等与性格相关的事情，无论你说得多对，都不应该在对方面前直接指出来。因为这样做会伤害到你的另一半（也许他本人也正在为此烦恼）。而且，如果你只指出对方的问题，却没有提出改善的建议，就很可能会招来对方的反驳。

在不伤害对方的前提下，让对方有所改变是非常困难的事情。你应该用温柔的说话方式，具体指出对方需要改善的地方。此外，向对方传达"我会帮你"这一信息，应该能得到理想的结果。

受人喜欢的 神 对应

"为了防止汗臭味，试着用一下这个沐浴露吧。"

因为夏天的时候，我会有点在意汗臭味，所以，你要不要试试这款香皂呀？

是呀，谢谢。

虽然你现在已经很好了，但是如果能稍微注意一下姿势，会更好哟。

我感觉我最近好像胖了，要不我们一起减肥吧？

夏天把头发剪短一些，会不会更清凉呢？

在指出对方的问题时，不要指责对方的缺点，而要换一种说话方式，"如果××的话，会变得更好。"比如，不要对对方说"你太胖了"，而是说"如果你能再瘦一点的话，会更好看"。此外，如果能提出具体的改进措施，就再好不过了。比如，"我们一起去健身房锻炼吧？"如果你能提出这种充满爱意的建议，对方也会对此心存感激。

第 2 章　家庭篇

42 怀疑另一半出轨时

令人讨厌的"盐"对应

"你是不是有什么事瞒着我？你是不是喜欢上别人了？"

在没有任何依据的情况下，认为另一半出轨了，是非常失礼的行为。如果你在与对方沟通时不能做到尊重对方，那不仅会让对方感到不快，还会损害你们之间的信赖关系。即使对方没有出轨，也可能会因为你的逼问而开始讨厌你。

通常，在开始怀疑对方之后，这段关系将很难继续维持。究竟是自己的错觉还是对方真的出轨了？先把事情弄清楚，然后再向前迈进吧！但是，要谨慎地选择应对的方式。

受人喜欢的神对应

"最近，你总是回来得很晚，我感到很不安。我想和你谈谈。"

在与对方进行交流时，为了避免以吵架的姿态和对方说话，要客观地向对方传达自己当下的感受，比如"我现在的心情有点儿××"。告诉对方你的真实想法，"你不回我消息的时候，我就会开始担心"。先暂且将"你是不是出轨了"这一问题搁在一旁，这样一来，对方就会愿意与你沟通。

第 2 章　家庭篇

43 被父母频繁地催婚时

令人讨厌的"盐"对应

> "别管我！你们这样简直就是在折磨我！"

"你不结婚吗""你不打算要孩子吗"等问题，对被催婚的人来说确实是一种折磨。话虽如此，如果你在这种情况下选择直接指责父母，那只会让你与父母之间的关系变差。父母打着"我们是因为担心你"的旗号，无论到什么时候都会一直催你。如果你只是单纯地反驳父母，就无法完全逃过父母的催婚。

当你无法无视父母的催婚，想要找出理由来逃避催婚时（比如"我很忙""我现在很享受单身生活"等），要记住：无论找什么理由，都要建立在相互尊重的基础上。

受人喜欢的 神 对应

"听到你们这样说，我很受伤，你们能别再这样说了吗？"

你不结婚吗？有比较好的人选吗？我好想抱孙子啊。

我有我自己的打算，而且，这种事情也需要缘分……

可不可以尊重一下我呢？

听到你们这样说，我很受伤，你们能别再这样说了吗？

如果你想让父母别再说"你还不结婚吗？""我想抱孙子啊"，就坦率地告诉父母"听到你们这样说，我很受伤（难过），因此，你们能别再说了吗？"这是制胜的关键。此外，如果你有"无法投入一段恋情""因为身体的原因，很难怀孕"等情况，可以在父母能接受的范围内告诉父母，这样一来，也可以避免不必要的冲突。

第 2 章　家庭篇　　　　　　　　　　　　95

44 父母对你的另一半或孩子感到不满时

令人讨厌的"盐"对应

"别干涉我们家的事。"

> 小平有点儿太任性了，你们平时太惯着他了。
>
> 大雄对于照顾孩子这件事也太不上心了吧。
>
> 我总觉得……
>
> 那你直接和他本人说吧？
>
> 是你太在意了，别多管闲事。

　　从客观的角度来看，错的是父母。因为每个人的价值观不同，父母和孩子不是一代人，本来就会有一定的代沟，所以作为父母，干涉孩子的事情并不是明智之举。话虽如此，但当父母真的干涉你的事情时，如果你感情用事地反驳父母，很可能会控制不住地恶语相向。本来父母和孩子之间的共同话题就很少，所以，父母的干涉只是为了创造共同的话题。

当平时没有为你提供支持和帮助的父母指出你的小家庭的缺点时，对你而言，最好的做法是不露声色地将话题转移到其他开心的事情上。

受人喜欢的神对应

"是吗……话说，车站前新开的那家面包店真不错哎。"

（话说，）
（啊）
（是吗？）
（小平有点儿任性，你们是不是太惯着他了？）
（大雄对于照顾孩子这件事也太不上心了吧。）
（车站前新开了一家面包店。）
（好像是在神户很有名的面包店。）
（哇）

对话本身就是有来有回的。在听到对方的想法之后，就会想要立刻表达自己的想法，这也是理所当然的。但是，在这种情况下，只需要说出"是吗""那能怎么办呀"等<u>模棱两可的回答</u>就足够了。然后，尽快地切换到其他话题，让气氛活跃起来吧！比如，父母的兴趣、喜欢的食物、想去的地方，等等。此外，新开的店等<u>时效性很强的话题</u>，通常也会让对方很感兴趣。

45 另一半的父母送了给你造成困扰的礼物时

令人讨厌的"盐"对应

> "我们不需要这种东西,你拿回去还给你妈妈吧!"

与城市里的公寓不相称的大型商品(家具、育儿用品等),虽然贵但却不合口味的食物等,应该可以说是让人感到困扰的礼物的代表吧。在收到这样的礼物时,如果你没有尽早表明自己的真实想法,就很可能会被对方误以为你很喜欢这份礼物,然后定期给你送这样的礼物。话虽如此,如果在这种情况下,你只是一味地苛责你的另一半,那么只会离解决问题越来越远。

> 为了不让对方的父母定期地送给你们不合口味或者不合尺寸的礼物，理想的做法是：在将礼物还给他们的时候，告诉他们明确的理由。

受人喜欢的 ✨神✨ 对应

"谢谢您。但是，因为××，所以我们没办法接受这份礼物。"

漫画对话：
- 对于您的心意，我们真的感到很开心。但是，我们家实在是没有放这个东西的地方。所以，我们真的没办法接受这份礼物。
- 妈，实在抱歉，这个礼物要是放在我们家的话，孩子都没有地方活动了。

对于不需要的东西（而且是很可能之后会被问"你们用了吗"的东西），应该下定决心还给对方。**首先，要向对方表达谢意；然后，告诉对方合理的理由，比如"没有地方放"等；最后，和对方商量说"我们想还给您"。**不过，如果能在**不还给对方的情况下就解决这件事是最好不过的。比如，如果对方送的是食品，那你可以转送给周围的邻居。就像这样聪明地应对吧！**

第 2 章　家庭篇

46　另一半的父母突然想要来访时

令人讨厌的"盐"对应

"现在不行，我会很为难。我也有我的安排。"

我经常听到有人向我抱怨说，对于对方父母这种不体贴的做法（用轻松的口吻说着"我们来你们家附近了，想顺便去你们家看看"）感到很失望。话虽如此，如果你直接用"我很累，现在谁也不想见""你们突然来访会让我很困扰"等实话来拒绝对方，会显得你很不懂人情世故。另外，即使你让你的另一半替你说，也同样会导致你和对方父母的关系恶化。

当对方父母突然和你说"我们想去你们家看看"时,我希望你能尽可能地尊重他们的想法。在这种时候,如果你家里很乱,就安排他们在你们家附近的餐厅与你见面。

受人喜欢的 神 对应

"抱歉,现在家里很乱,所以我预约了附近的餐厅,时间为下午 2 点。"

当听到他们说"我们现在过去"时,就下定决心迎接他们吧!不过,如果他们没有什么特殊的目的,那不在家里迎接他们也可以。你可以挑一家附近的餐厅,告诉他们在那里会合。比如,"下午 2 点,在国道边上的那家餐厅见"。如果他们同意的话,你就立刻预约餐厅。如果你能掌握主导权,那他们也不会感到茫然无措。

第 2 章　家庭篇

47 孩子不想上学时

令人讨厌的"盐"对应

"你为什么不去上学?"

越是责任感强的父母,越容易一味地责怪孩子"你为什么不去上学!"另外,这样的父母会很容易切换到解决问题的模式,并追问孩子不想去学校的原因。然而,不停地追问为什么,只会将自己的孩子逼入绝境。当然,"不管怎么说,快点儿去上学"这种冷漠的做法也不好。

对于孩子突如其来的"不去上学宣言",不要轻易地采取强硬手段。不要焦躁、不要训斥孩子。首先,要理解孩子的心情。

受人喜欢的 **神** 对应

"你不想去学校吗?是因为发生什么事了吗?"

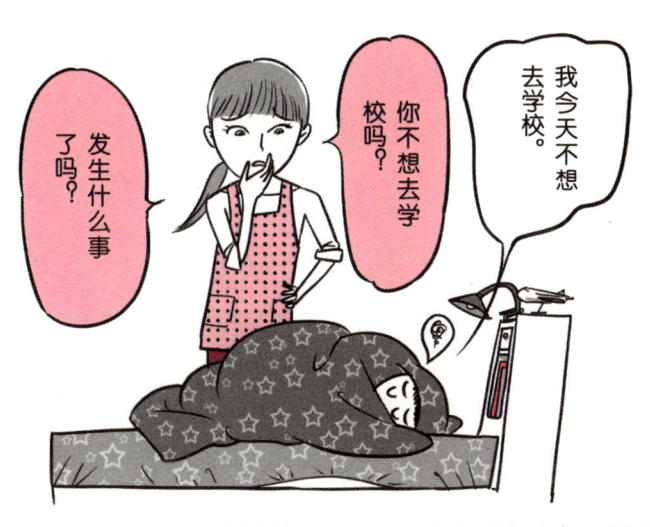

比起被追问原因、确认情况,孩子更需要的是自己的心情得到理解。因此,首先要重复孩子的诉求,"你不想去学校吗?"在此之后询问原因。当孩子以身体不适为理由时,很有可能不是在装病,所以你要重视起来、谨慎对待。

第 2 章　家庭篇　　　　　　　　　　　　　　　103

48 孩子总是玩手机时

令人讨厌的 "盐" 对应

"你是不是一直在看手机？我要没收到明天早上。"

当父母心情不好或者有多余的时间关注孩子时，在看到孩子过度使用手机后，就突然情绪爆发、冲孩子发火，其实这是非常蛮横无理的行为。因为问题的根源在于父母在给孩子手机时，没有制定明确的规则。所以，父母和孩子一起制定使用手机的规则吧。比如，包括玩游戏、看动漫等在内，每天玩手机的时间不能超过 × 小时。

给孩子买手机，并监督孩子使用手机的是父母。话虽如此，如果父母没有制定明确的手机使用规则，那就无法让孩子体会到（与手机）相处的正确模式。

受人喜欢的 神 对应

"咱们一起来制定使用手机的规则吧？在写完作业之后，可以玩 30 分钟。这样可以吗？"

从现在开始也不晚，制定"我们家的手机使用规则"吧！同时，也别忘了制定"破坏规则时的惩罚"（比如，禁止使用手机 × 天）。当然，父母也要遵守这个规则。不能允许任何人破坏规则或者特殊的情况存在。如果需要的话，可以随时修改规则、更新规则。重要的是父母和孩子一起努力。

第 2 章　家庭篇

49 发现孩子有叛逆期的征兆时

令人讨厌的**盐**对应

"最近孩子都不怎么搭理我。她现在正处于青春期，我还是先默默地观察吧。"

最近孩子变得不怎么理我了，可能是因为她正处于青春期。没关系，即使她什么也不说，我也能了解她的想法。

鸦雀无声……

最近，有越来越多"善解人意的好父母"过度地与处于叛逆期的孩子保持距离。然而，这种做法会起到反效果。许多孩子之所以有叛逆的言行，是因为他们想要找到自己被爱的证据。所以，如果父母对孩子的叛逆置之不理，反而会让孩子感到更加痛苦。

当你觉得孩子处于叛逆期时，比起过度地与孩子保持距离，不如积极主动地关心孩子。因为孩子对于父母的反抗，很可能是在确认父母的爱。

受人喜欢的 神 对应

"最近，你喜欢哪个偶像团体里的人？我喜欢××，你觉得××怎么样？"

首先，要创造和孩子共同相处的欢乐时光。可以试着和孩子一起买东西、吃饭、聊天等。其次，在与孩子相处时，尽量不要否定或批评孩子。最后，还要注意：不要一直不停地提问。不要问"这个？还是那个？"这种强迫对方二选一的封闭式问题，而要问"你喜欢哪个艺人？"这种将决定权交给对方的开放式问题。

第 3 章

朋友篇

○ 以建立健全的朋友关系为目标

学生时代的朋友、邻居孩子的妈妈、有相同兴趣爱好的伙伴……在你的这些朋友中，是否有这样的人："在和他见面之后会感到很累""每次他来联系我，我就会变得很不安"。

在我看来，出现这种情况的原因有以下4点。

（1）对方不关心你的状态、不理解你说的话（详见第52节）。

（2）无论你说什么，对方都会把话题转移到自己身上（详见第53节）。

（3）无论你说什么，对方都会在你面前展现优越感，觉得自己比你更优秀（详见第50节）。

（4）对方总是说一些你不爱听的话，或者直接贬低你（详见第51节）。

如果你遇到过上述这些情况，就学习一下我接下来将要介绍的神对应，试着使你们的关系向健康的方向转变吧！如果你对自己这种不愉快的感觉放任不管，那你的身心可能会出现问题。

○ 如果能注意到自己下意识的盐对应就最好不过了。

重新审视自己说过的话。

在不知不觉间已经形成习惯的、不好的口头禅，可能会使你与朋友之间的关系变得越来越僵。

比如，无论是关系多么亲密的朋友，在和对方打招呼时，都不可以直接问对方"你累了吗？"即使对方的状态和平时一样，也可能会因为你的这句话而开始担心自己的健康状态，进而突然感到不安或者不开心。如果对方看起来很疲惫，你也应该用"你还好吗""你怎么样"等中立的语言来和对方打招呼。

此外，也不要突然说"你看起来很辛苦"，不要只从外表来判断对方的状态。

等对方说"我最近工作很忙"之后，你再顺着对方的话，说："你工作很忙啊？"这种做法是最好的。如果你回复对方说："你可真辛苦啊！"对方可能会觉得你很不走心，还会遗憾地想："其实我并不辛苦，我只是想炫耀自己努力工作的样子罢了。"

总之，将自己下意识的盐对应转换为神对应，使自己与朋友之间的关系更进一步吧！

50 朋友在你面前展示优越感时

令人讨厌的 **盐** 对应

"我没有这种兴趣。"

作为炫耀的一方，他们想要得到"好厉害""不愧是你"等赞美。通过接受赞美，他们沉浸在优越感中，满足了自我表现的欲望。因此，当你对对方说"我没兴趣"时，可能会让对方感到很生气，甚至可能会使你与对方之间的关系产生裂痕。因此，在这种情况下，不要反驳对方。

当你意识到"她是为了炫耀"的时候,不要激动,而要坦然应对。通过坦然应对对方所说的话,来守护自己的内心。

受人喜欢的 神 对应

"哎?是××啊?你去××了啊?"

对于炫耀的一方来说,对方没有兴趣是最令她难受的。因此,你不必非要和她对着干。我推荐的做法是:接受对方所说的话,然后重复对方所说的话。不要带有任何感情色彩,做出平静的反应。此外,"花了×万日元嘛!"这种惊讶的反应也很危险,因为对方可能会因此继续向你炫耀,并说:"很便宜吧?"

51 被自称心直口快的朋友说了很难听的话时

令人讨厌的"盐"对应

"苦笑。"

"你胖了吗""你怎么像个傻子一样""你一点儿也不可爱"……当对方说出这种无礼的话时,无论是关系多好的朋友,都会感到生气。话虽如此,如果你只是沉默着苦笑,就无法让对话继续下去。另外,在这种情况下,如果还有其他的朋友在场,可能会让他们为你感到担心。为了避免朋友再说出这种话,就原封不动地将这种负面的话还给他吧(具体见"神对应")!

"心直口快的人"（不做作、正直的人）和"天真无邪地伤害对方的心的人"之间只有一线之隔。无论你们之间的关系有多么亲密，你都要告诉对方你伤害了我。

受人喜欢的 神 对应

"××……吗？"

在职场中也是如此，当对方对你口出狂言时，重复对方所说的话，会收获意想不到的效果。当对方对你说："你胖了吗？"时，你就说："我胖了吗？"当对方对你说："你一点儿也不可爱"时，你就说："我不可爱吗？"这样一来，对方在听到你说的话之后，应该会注意到自己说的话很过分。如果对方是你的朋友，那你可以再加上"我很受伤""好烦啊"之类的话。

52　被朋友强迫打起精神时

令人讨厌的"盐"对应

> "我不像你，一直那么有精神。"

"哎？你今天的情绪好像有些低沉""像平时那样笑一笑会比较好噢""大家看到你这样也会觉得扫兴"……当被朋友这样说的时候，无论关系多好，都会觉得很扎心。话虽如此，但如果你阴阳怪气地回复对方"你很有精神啊"，就很可能会引发争吵。因此，要注意避免演变成互相言语攻击的局面。

每个人都有自己的情绪。即使是同一个人，也会在一天之内经历各种各样的情绪变化。因此，任何人都不应该强迫他人和自己保持同样的情绪。

受人喜欢的 神 对应

"抱歉，我现在没办法配合你的情绪。"

正因为是朋友，所以要明确地告诉对方自己内心的想法。"抱歉，我现在没办法配合你的情绪。"像这样，坦率地说出来就可以。对方会理解你，并且在你告诉他之后，不会突然情绪爆发。这样一来，你就可以完美地改变这一局面。

第 3 章　朋友篇

53　被朋友强行灌输价值观时

令人讨厌的"盐"对应

"每个人都不一样。"

正确的言论

别打腮腺炎疫苗！好像很不安全！

是吗？

零食还是自己做的最好。

放心！安全！

每个人都不一样。

　　如果对"每个人都不一样"这句话进行过度解读，就可以理解为"你是你，我是我"。极端一点来说的话，就是"我对你的意见没有兴趣，你别管我"。如果对方过度理解的话，那你们之间的对话就无法继续下去了。为了能与对方进行友好地交流，你需要首先表现出接受（对方观点）的姿态。

托儿所、学校、兴趣班、补习班……在各种各样的场合下，你不可避免地会与孩子同学的父母产生交流。一旦被对方缠着聊天，最稳妥的做法是暂时接受对方的观点。

受人喜欢的 神 对应

"确实也有人会这样认为。"

> 零食还是自己做的最好！
>
> 别打腮腺炎疫苗！
>
> 确实，
>
> 也有人会这样认为。
>
> 嗯嗯。
>
> 我会考虑一下的！

这是可以应对任何过激意见的魔法语句。在既不迎合也不反驳对方的情况下，你就能向对方表明"我接受了你的意见"。这样一来，对方会感到安心，也会愿意倾听你的意见。如果对方强迫你同意他的观点，那你可以说"我考虑一下"，以此来逃脱对方的逼迫，然后尽快转换话题！

第 3 章　朋友篇

54 朋友总是向你倾诉烦恼时

令人讨厌的"盐"对应

"你就因为这种事情烦恼吗？你可真闲啊。"

周末做点儿什么好呢？我既想出去玩，又不想出去玩。

哎，你觉得哪个包比较好？

你觉得我怎样做比较好？我希望你能认真地回答我。

呜呜呜，我和男朋友吵架了。

你就因为这种事情烦恼吗？你可真闲啊。

在众多向我倾诉烦恼的人中，有许多人并不需要具体的建议。**大多数人只是想诉说自己的情况，希望自己的心情能得到理解。**换句话说，他们期望通过向第三方倾诉而得到安慰。在这种情况下，**如果你突然拒绝聆听他们的倾诉，可能会使他们感到痛苦。**这样一来，他们也许会看起来很可怜……

对于无可奈何的烦恼，只要向他人倾诉，就会变得心情舒畅。话虽如此，如果总是向他人倾诉，倾听的一方也会受不了！

受人喜欢的 **神** 对应

"抱歉，我暂时没有时间听你说，没办法给你出主意。"

> 我是泡澡还是冲淋浴呢？
>
> 我想把头发剪短，但是男朋友强烈反对，我剪还是不剪呢？
>
> 是去山上采蘑菇还是去村庄里挖笋呢？
>
> 明天我想做便当，但是，是做三明治还是做饭团呢？

抱歉，我没有时间听你说这些，没办法给你出主意。因为如果我听到一半就不听了，会更对不起你。所以，不如我一开始就告诉你我没时间听你说。

听他人倾诉烦恼，类似于无偿的志愿服务。当你自己处于困境、忙得不可开交，抑或是非常疲惫时，如果还要听他人倾诉烦恼，那对你而言，无异于雪上加霜。在这种情况下，与其强迫自己不情不愿地倾听对方的烦恼，不如坦率地告诉对方"以我现在的状态，没办法听你倾诉烦恼"。

55　朋友情绪低落时

令人讨厌的"盐"对应

"你脸色看起来好阴沉啊。发生了什么事吗？肯定会有办法的！"

最好不要直截了当地指出对方消极的情绪变化（特殊情况除外）。对方可能无法直接对他人说出其中的原因，或者只是不想对你说。总之，当对方本来就希望你能安静点儿的时候，你还直接追问对方原因，这是非常残忍的行为，只会让他压力倍增。

当你能明显地感受到对方情绪低落，且对方没有主动提出要和你商量时，你只需要让对方知道"我愿意帮助你，但我不会主动来烦你"，就可以了。

受人喜欢的**神**对应

"如果有我能帮到你的地方，就尽管和我说。"

如果发生了什么事，你可以随时和我说。

不要追问对方情绪低落的原因，只需要向对方表明"我是你的伙伴""无论什么时候，我都会帮助你"就可以了。这种不过度干涉的做法，对于对方而言，是最大的体贴。不过，最好不要使用"有什么是我能帮到你的吗"这种疑问句，因为这种疑问句会要求对方回答你的问题，所以你要多加注意。

第3章 朋友篇　　　　　　　　　　　　　　　　123

56 有人说你朋友的闲话时

令人讨厌的"盐"对应

"你们还真喜欢说闲话啊。你们还是别掺和进来比较好吧？"

自己明知道事实却不替朋友澄清，不仅如此，还对其他朋友说"你们不要掺和进来比较好"，这可真是绝妙的"盐对应"。此外，评价对方"你们还真喜欢说闲话啊"，会让对方感到生气。如果你总是这种态度，就很可能会和朋友渐行渐远。

当你的朋友正处于风口浪尖，其他朋友来问你关于她的情况时，正确的做法是敷衍过去。

受人喜欢的 神 对应

"等她自己和你们说吧。"

最重要的是不要说谎，不要和对方说"我也不知道"。一旦对方发现你其实知道，就会责怪你为什么不告诉他。此外，"你们直接问他吧"这种回答方式也存在很高的风险，因为正处于风口浪尖的朋友也许并不能很好地应对其他人的追问。因此，我建议大家让其他朋友"耐心地等待（本人主动说）"。

第 3 章　朋友篇

57 想拒绝朋友拜托的麻烦事时

令人讨厌的"盐"对应

"抱歉，我不擅长这个。"

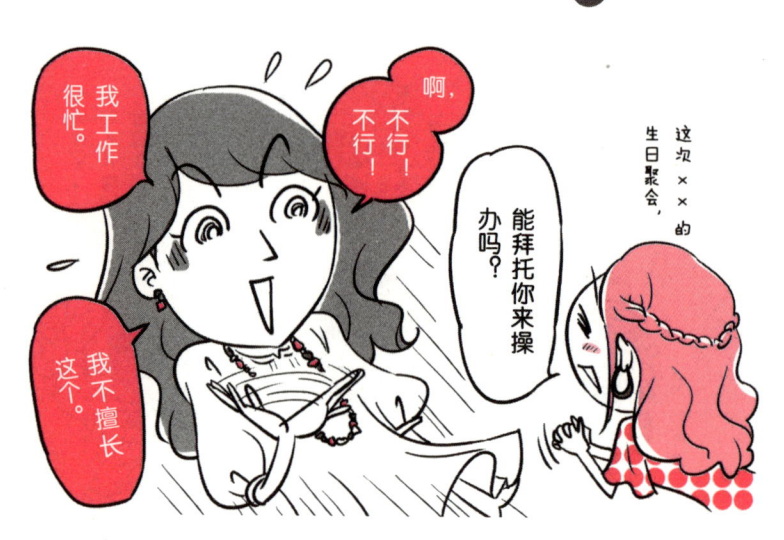

采用"我不行""我不擅长"等过于直白的拒绝方式，需要三思而后行。如果对方感受不到你的诚意，就很可能会变得讨厌你。另外，对方也许并不认为"不擅长"这种借口是正当的理由。只要不是需要特殊技能的事情，对方很可能会反驳你说"大家都不擅长"。

在与人交往的过程中，会不可避免地组织或参加各种活动。如果你能注意说话的方式，就能做到圆滑地拒绝对方。

受人喜欢的神对应

"抱歉，我这个月的工作很忙，没有多余的时间。请下次再找我做吧！"

要尽可能明确地告诉对方你拒绝的理由。"这个月工作很忙""在我孩子幼儿园毕业之前，我都很难抽出时间""我家里有老人需要照顾，休息日也很难外出""我家里还有婴儿，没办法抽出一整块的时间"等。坦率地告诉对方是最好的做法。此外，如果你能提出替代方案就更好了。比如，"等明年我孩子上小学之后，我就可以负责组织聚会了"。

第 3 章 朋友篇　　127

58 和朋友吵架时

令人讨厌的"盐"对应

"你总是这样。"

不要对朋友说"你总是这样", 不翻旧账才是聪明的做法。确实, 也许你说的是事实, 但是, 这种说话方式无论是对于修复你们现在的关系还是加强你们未来的联系, 都没有帮助。另外, 如果对方反驳你"你才是经常××呢", 那你们之间的交谈很可能会瞬间变成"吐槽大会"。

> 即使是交往了很长时间、共同经历了很多事情的朋友，也会经常吵架。在和朋友吵架时，重要的是要意识到你们彼此是平等的。

受人喜欢的 神 对应

"我会改掉××的习惯。"

如果能将吵架转变为与对方交谈的机会，就最好不过了。指出对方需要改正的地方，然后对于对方指出的你需要改正的地方，你要向对方表明今后我会注意的。但是，最好不要使用"我会改正，所以你也好好改正一下吧"这种说话方式，因为这会让对方觉得你在和他谈条件。总而言之，我希望大家在友情中不要过于计较，要宽容地对待自己的朋友。

第 3 章　朋友篇

结语

○ 以自我保护为目的的"盐对应",会让人生变得狭隘吗?

对于本书中所列举的事例,也许有人会觉得"真的会有人用这么干巴巴的方式(盐对应)说话吗?"实际上,这些事例都是我在进行心理咨询时经常听到的烦恼。

比如,A课长作为中层管理者,在夸奖女下属的穿着时,被对方神情严肃地回复说"我有男朋友"(详见第18节)。

换句话说,A课长被自己的下属误认为有不轨之心。

A课长对此感到很无语,"我明明只是想和她聊聊天,所以才稍微夸了她一下"。但实际上,这样的事情只是冰山一角。大家真的能在这样的人际关系中心情愉快地、高效率地工作吗?

"想离难应付的上司和干涉私生活的同事远一些。"

"为了不遭遇职权骚扰,我从始至终保持非常冷漠的态度。"

在现实生活中,应该也有人会出于自我保护的目的,明知不可为而为之,贯彻"盐对应"。

但是,<u>如果你对他人实施"盐对应",那对方很可能也会对你进行"盐对应"</u>。因为人的态度就像一面镜子,对方会很容易感受到你的态度并采取和你相似的应对方式。

这样一来,"盐对应"的"消极的连锁反应"可能会一直持续下去。

○ 创造出积极的连锁反应吧!

反之,如果你能进行"神对应",那么对方也会以"神对应"来回应你。

有句谚语叫作"好心必有好报",意思是"如果你对别人好,那这份好意早晚都会回报到你身上。"

比如,当同事早退时,如果你能说一些让对方听起来很舒服的话(详见第 11 节),那当你突然需要早退时,对方也会愉快地送你离开。

当然,你不需要强迫自己和难应付的人交往。

但是,过度保护自己,不仅会使人际关系变得淡漠,也很难更新自己的价值观。

你会因此失去许多机会,人生的道路也可能会因此越走越窄。

如果你想精神富足地活着,就必须掌握一定程度的交流技巧。交流技巧不仅可以保护你自己,也可以取悦他人。

若本书能作为改善人际关系的工具而对大家有所帮助的话,我将不胜欢喜。

大野萌子